JN449361

계명인성교육총서·2

Global Citizen CCP-M

중등학생 인성함양을 위한

글로벌 시티즌 CCP-M

|계명대학교 계명인성교육원 편|

Workbook

계명대학교 출판부

머 리 말

한국교육개발원이 1,800명의 전국 성인을 대상으로 실시한 '2012년 교육 여론조사'에 의하면, 초중고 학생의 인성과 도덕성에 대해서 부정적인 입장을 가지고 있는 것으로 나타났다. 또한 초중고의 교육과정에서 지금보다 더 중시해야 할 교육에 대해서 학부모의 인식을 조사한 결과, 모든 학교현장에서 더 중시해야 할 교육의 1순위로 인성교육을 꼽았다. 교육과정에서 인성교육이 더 중시되어야 한다고 대답한 비율은 초등학교 45.6%, 중학교 39.5%, 고등학교 27.3%였다.

이러한 배경하에서, 교육부는 2014년 세계 최초로 인성교육을 의무화하는 인성교육진흥법을 제정하고, 2015년부터 시행하고 있으며, 제도교육 내에서 인성교육을 강화하기 위한 노력을 기울이고 있다. 2015년 9월 발표한 '2015 개정 중등학교 교육과정'에서는 교육계의 큰 변화를 예고한 바 있다. 새 교육과정의 주된 내용은 "입시위주의 주입식 교육에서 벗어나서 배움을 즐기는 학생 참여형 교육과 바른 인성을 바탕으로 새로운 가치를 창출할 창의 융합형 인재 양성"을 지향하는 것이다.

오늘날 중등 교육현장의 현실은 여전히 암담하다. 교육을 담당하는 학교가 아이러니하게도 시험 성적을 1점 더 올리기 위해서, 더 높은 대학 합격률을 기록하기 위해서, 학생들의 경쟁을 부추기고 성적이라는 비인간적인 잣대로 학생들을 평가하고 있다. 이러한 교육을 받은 학생들은 자신을 비롯해서 다른 사람의 존재의 의미를 이해하거나 사랑할 줄 아는 능력을 상실하고, 경쟁심과 성적의 노예가 되기가 십상이다. 인간을 더욱 인간답게 만들기 위해서 받은 교육과정으로 인해서 비인간적인 소외를 경험하게 되는 것이다.

중등학교 시기는 자아 형성의 핵심적인 시절이며, 예비 사회인으로 나아가기 위한 공동체적 가치를 습득해야 하는 때이다. 제도교육에서도 이러한 목표를 달성하기 위해서 다각적인 노력을 기울이고 있다. 또한 제도교육에서 실시하고 있는 인성교육을 보완할 수 있는 다양한 인성교육에 대한 사회적인 요구가 높다. 이 책은 중등 인성교육에 대한 사회의 요구에 부합하기 위해서, 특별히 중학생을 위한 체험 활동형 인성함양 프로그램을 개발한 것이다. 이 프로그램은 중학생의 도덕성, 사회성, 정체성의 증진에 기여하고, 더불어 살아가는 인간다운 성품과 역량을 증진하는 기회를 제공할 것이다.

이 책의 출판을 위해서 오랜 토론과 연구의 시간을 함께 한 계명인성교육원 중등 인성함양 프로그램 개발팀 교수님과 계명인성교육원의 원장님, 부원장님, 행정팀의 노력과 헌신에 감사드린다. 출판의 과정까지 계명대학교 출판부의 담당 선생님께서도 많은 수고를 하셨다. 여러 사람의 노고가 녹아있는 이 책으로 인해, 중학생들이 자기 자신과 만나고 삶을 더 사랑하게 되는 계기가 되기를 바라는 마음으로 머리말을 마친다.

글로벌 시티즌 CCP-M 워크북

이 프로그램은 나, 너, 세계에 대한 '인성 핵심 역량' 요소를 강화한 프로그램으로 구성되어 있다. 현대사회가 요구하는 글로벌 시티즌으로서 갖추어야 할 소양을 중심으로, 중등 교육과정에서 길러야 하는 도덕성, 사회성, 자기정체성 증진을 위한 활동, 체험, 실습 위주의 인성함양 단기 집중 프로그램이다. 이 프로그램은 중등 인성교육에서 추구하는 주요 가치인 정직, 책임, 존중, 배려, 공감, 소통, 협동의 덕목들을 함양할 수 있도록 구성되어 있다.

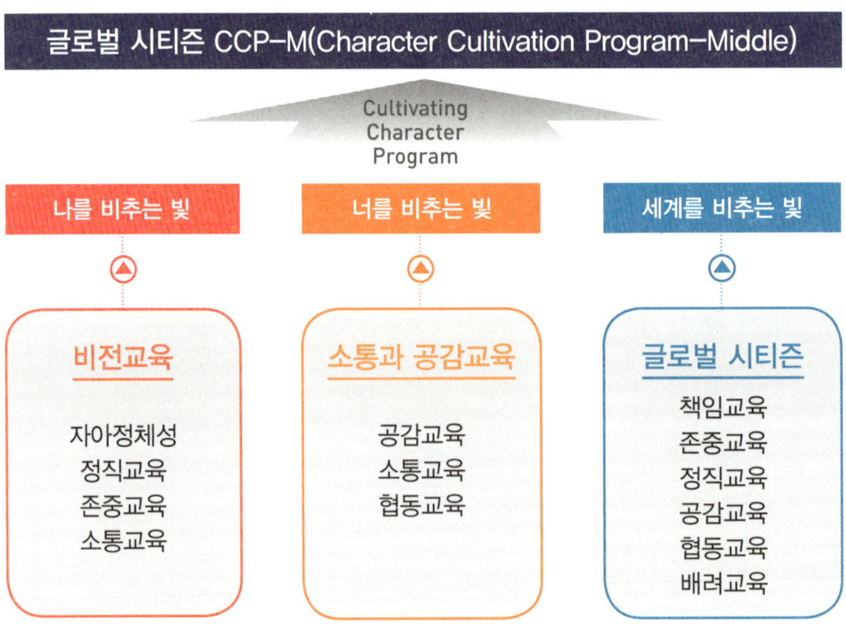

| 그림 1 | **글로벌 시티즌 CCP-M 체계도**

위의 프로그램 체계도를 통해서 알 수 있듯이, 이 프로그램은 3단계의 내용으로 구성되어 있다. 1단계는 “나(자신)에 대한 이해”를 목표로 자아정체성, 정직, 존중, 소통교육으로 구성된다. 2단계는 “너(타인)에 대한 이해“를 목표로 타인에 대한 공감, 소통, 협동교육으로 구성된다. 3단계는 “세계에 대한 이해”를 목표로 책임, 존중, 정직, 공감, 협동, 배려교육으로 구성된다. 각 단계별 프로그램을 자세히 살펴보면 다음과 같다.

각 단계별 프로그램

단계	프로그램		덕목
오리엔테이션	1	오리엔테이션	친밀감 형성
1단계 나(자신)에 대한 이해	2	나를 말해봐!	정직 · 존중
	3	다시 만나는 나	존중 · 소통
2단계 너(타인)에 대한 이해	4	내가 보는 나, 남이 보는 나	공감 · 소통
	5	너와 함께 하려면	소통 · 협동
3단계 세계에 대한 이해	6	네티켓	책임 · 정직
	7	다문화감수성 인큐베이팅	존중 · 공감
	8	착한 소비	배려 · 책임
	9	우리가 만들고 싶은 세상	협동 · 배려
아름다운 마무리	10	아름다운 마무리	피드백

글로벌 시티즌 CCP-M 워크북

글로벌 시티즌 CCP-M 프로그램별 목표, 세부내용, 도구를 자세히 살펴보면 다음과 같다.

오리엔테이션 프로그램

	오리엔테이션	
오리엔테이션	목표	- 프로그램의 필요성과 의의를 인지하기 - 프로그램에 대해서 기대와 희망을 갖기 - 참가자 간 친밀감을 형성하기
	세부 내용	- 중등 글로벌 시티즌 인성함양 프로그램을 소개하기 - 일정과 진행과정을 설명하기 - 색종이를 이용해서 별칭을 만들고 별칭을 외우는 시간을 갖기
	도구	- 워크북, 색종이, 조용한 음악

1단계 프로그램

1단계	나(자신)에 대한 이해	
나를 말해봐!	목표	– 자기이미지와 일상을 살펴보고 진진가 게임을 통해 자신을 소개하기 – 조별로 상호 간 자기소개를 통해 신뢰감 증진하기
	세부 내용	– 자기이미지와 일상을 살펴보고 진진가 게임 활동지를 작성하기 – 진진가 게임을 실시하고 진실과 거짓에 대해 설명하며 자기소개하기
	도구	– 활동지, 볼펜
다시 만나는 나	목표	– 단점을 자연스럽게 표현하고 있는 그대로 수용하기 – 새로운 관점으로 단점을 이해함으로써 생각을 확장하고 나를 존중하기
	세부 내용	– 자신의 단점을 찾고 발표하기 – 조원의 긍정적 시각을 통해 단점을 장점으로 변형하기
	도구	– 활동지, 포스트 잇(컬러 2종류), 셀로판지 안경, 필기구

2단계 프로그램

2단계	너(타인)에 대한 이해	
내가 보는 나, 남이 보는 나	목표	– 자기 자신의 마음상태를 지각하고 다양한 소통형태로 표현하기 – 공감과 소통을 통해 자기 지각 및 이해 확장하기
	세부 내용	– 마음상태를 지각 및 표현, 이를 다른 구성원이 지각한 것을 전달하기 – 자기 및 다른 구성원이 지각한 모든 감정단어 다루기
	도구	– 활동지, 편지봉투, 볼펜, 포스트 잇, 풀, 도화지
너와 함께 하려면	목표	– 타인에 대한 배려의식 함양하기 – 다른 사람과 함께 더불어 살아가는 데 필요한 공동체의식 증진시키기 – 의사소통의 어려움을 인식하고 소통능력 향상하기
	세부 내용	– 미로 안내하기 – 일방적, 쌍방적 의사소통 경험하기
	도구	– 미로 찾기 (미로 게임) – 의사소통 게임 (도형 활용)

3단계 프로그램

3단계	세계에 대한 이해	
네티켓	목표	- 네티켓의 필요성과 프로그램의 의의를 인식하기 - 상황극을 통해 비대면 상의 타인에 대한 존중과 책임에 대해 파악하기
	세부 내용	- 글로벌 시티즌 프로그램 상의 네티켓 개요 설명하기 - SNS를 통해 위로 받은 경험과 상처받은 경험을 상황극으로 표현해보기 - 비대면 상의 타인에 대한 존중과 배려에 대해 이야기 해보기
	도구	- 도화지, 크레파스, 사인펜, 매직 등 필기도구
다문화감수성 인큐베이팅	목표	- 문화적 차이에 기초한 편견과 차별 드러내기 - 다른 문화, 다른 사람을 존중하고 공감하기
	세부 내용	- 차별 경험을 말하고 듣기 - 일상생활에서 실천할 수 있는 다문화감수성 목록 작성하기
	도구	- 다문화감수성 관련 동영상 감상하기
착한 소비	목표	- 공정무역의 개념 이해하기 - 일상생활에서 실천할 수 있는 착한 소비 실천목록 작성하기
	세부 내용	- 커피와 초콜릿이 우리에게 오기까지의 과정 살펴보기 - 착한 소비 실천 활동 찾아보기
	도구	- 공정무역 관련 동영상 감상하기
우리가 만들고 싶은 세상	목표	- 세계 시민으로서 시민 의식 형성하기 - 세계 문제의 심각성에 대해서 공감하기 - 다른 사람의 의견을 듣고 자기 의견을 표현하면서 소통능력 향상하기 - 종이컵으로 원하는 세상을 만드는 과정에서 협동 체험하기
	세부 내용	- 글로벌 이슈에 대해 소개하고 문제에 대해서 인식하기 - 조별로 만들고 싶은 세상의 주제를 선정한 후 종이컵으로 만들기
	도구	- 종이컵으로 만들기

프로그램 마무리

	아름다운 마무리	
아름다운 마무리	목표	– 전체 프로그램에 참가한 의미를 인식하기 – 전체 프로그램에 참여하며 느낀 점을 나누기 – 프로그램 참가 후 일상생활 속에서 적용해 볼 수 있는 것들을 구체화 하기
	세부 내용	– 프로그램에 참여하며 활동했던 모습과 완성된 결과물을 함께 감상한 후 느낀 점을 발표하기 – 프로그램에 참여하며 전체적으로 느낀 점, 새롭게 알게 된 점, 깨달은 점, 적용해 볼 수 있는 것들에 대해 기록하기 – 각자가 작성한 소감문을 발표하며 함께 공유하기
	도구	– 조용한 음악

이 프로그램은 참가자들이 자신감과 자존감을 회복하고 잠재력을 발견하여 자기 이해를 증진시키도록 도움을 준다. 이 프로그램에 참가한 학생들은 타인에 대한 공감과 배려 능력을 기르고, 이를 바탕으로 타인과 소통하고 책임질 줄 아는 리더로서의 자격을 갖추게 될 뿐만 아니라, 인류 전체의 화합과 공동선 실현을 추구하는 창의적인 세계 시민으로서의 자질을 갖추게 될 것이다.

차 례

01

오리엔테이션

친밀감 형성

01

오리엔테이션 _친밀감 형성

| 활동목표 |

- 프로그램의 필요성과 의의를 인지한다.
- 프로그램에 대해서 기대와 희망을 갖는다.
- 참가자 간 친밀감을 형성한다.

| 도입(5분) |

- 진행자 자신을 소개한다(1분).
- 참가자들이 자신을 간략하게 소개한다(4분).

| 전개(30분) |

- 계명 글로벌 시티즌 CCP-M 프로그램을 간략하게 소개한다(5분).
- 일정과 진행과정을 소개한다(5분).
- 색종이를 이용해서 별칭을 만들고 별칭을 외우는 시간을 가진다(20분).

| 정리(5분) |

- 진행자가 프로그램에 대한 기대감을 고취시키고 참가자들을 격려하는 말로 정리한다.

| 유의사항 |

- 프로그램에 대해서 기대와 희망을 갖도록 유도한다.
- 편안하고 친근한 분위기를 유도한다.
- 진지한 분위기 속에서 각자가 발견한 자기 이미지를 공유하게 한다.

활동자료

1-1

'서적, 영화, 드라마, 웹툰, 대중가요'에서 자신을 소개할 수 있는 글, 대사, 가사 중 한 두 문장을 적어보자.

나를 소개할 때
사용하고 싶은 문장은

____

____

이 문장을 선택한 이유는?

____

____

1-2

오리엔테이션 활동을 통해 느낀 점을 적어보자.

글로벌 시티즌 CCP-M
나를 비추는 빛

02

나를 말해봐!

정직·존중교육

02 나를 말해봐! _정직 · 존중교육

| 활동목표 |

- 자기 자신의 이미지와 일상을 살펴본다.
- 진진가 게임을 통해 자신을 솔직하게 소개한다.
- 상호간 소개를 통해 자기 및 타자 이해와 신뢰감, 존중감을 증진시킨다.

| 도입(3분) |

- 상호소통과 신뢰증진을 위한 자기소개의 유용함을 알려준다.
- 진진가 게임 방법을 설명한다.

| 전개(36분) |

- 자기이미지와 일상을 돌아보고 진실2, 거짓1 를 활동지에 적는다(5분).
- 전체 동의에 따라 거짓을 맞춘 경우와 그 반대의 경우에 대해 벌칙과 상을 정한다(3분).
- 한 참가자가 내용을 발표하고 다른 참가자 거짓을 가려낸다(7분).
- 진실과 거짓에 대한 간략한 설명을 통해 자신을 소개한다(3분).
- 동일한 방법으로 전체 인원 중 2명의 참가자가 더 발표할 수 있다(18분).

| 정리(6분) |

- 자신의 이미지와 일상을 돌아보면서 진솔한 자기이해와 자기소개의 효과, 진실과 거짓 양 측면을 통합하고 긍정적 측면을 강화하는 것에 대한 유용성을 간략하게 나누고 설명한다.

| 유의사항 |

- 자발적으로 희망하는 참가자를 우선 참여시켜 집단의 역동성을 조성한다.
- 진행자는 자기소개 및 상호이해를 통해 집단의 신뢰 증진을 돕는다.

활동자료

2-1

'나를 말해봐! – 진진가' 를 소개하면 다음과 같다.

1. 나의 이미지 및 일상

인간은 살아가면서 다양한 삶의 내용들을 가지게 된다. 내용들을 가진다는 것은 이러저러한 경험들이 내면화(Internalization)되어서 우리의 마음 안으로 들어와 어떠한 이미지를 구축한다는 것이다. 일상은 인간의 마음 구석구석을 그 무언가로 채워지게 하고 마음의 이미지들은 또 다시 일상의 다양한 것들에 어떠한 색채를 입히게 된다. 서로 상호작용하면서 '나'라는 존재와 그 삶에 주요한 역할을 담당하게 된다.

삶의 특정 이미지들이 모여서 전반적으로 자신의 독특한 모습, 삶의 방식을 이룰 수 있을 것이다. 아마도 이러한 경우 현실을 살아가는데 주된 기여를 하는 자아의 영역에 뿌리를 내리고 있거나 매우 부합되는 속성을 지닌 것일 것이다. 반대의 경우 전체적인 나의 영역에는 포함될 수 있지만 종종 자아가 거부하는 요소가 되어 외면당하는 또 다른 나의 부분일 수도 있을 것이다. 일상의 의미가 풍부해지고 또 다른 일상의 요소를 수용하고 누릴 수 있기 위해서는 소외된 나의 일부를 내 스스로가 이해하고 받아들이는 과정이 필요할 것이다. 특히 정체성 확립이 중요한 과제로 주어진 청소년의 경우에는 더더욱 절실할 것으로 파악된다.

2. 진진가

상기의 내용을 중심으로 진행되는 본 프로그램 명칭은 "진진가"이다. 이 활동에서 자신에게 부합되는 내용은 '진실'로, 그렇지 않은 것은 '거짓'으로 분류된다. 거짓과 진실을 생각하고 소개하는 진진가 게임 과정에서 반드시 그런 것은 아니지만, 거짓내용은 종종 자신의 자아가 감당해내지 못해 외면하거나 혹은 다가설 수 없어 바라만 보는 요소일 때도 있다. 가령 마음껏 떠들고 있는 자신의 모습이라든지 하는 것들 말이다. 따라서 거짓은 내가 나라고 생각하는 나에게서 그렇게 멀지 않은 곳에 존재하는 또 다른 나일 수도 있을 것이다.

본 프로그램의 목표는 낯설거나 혹은 이상으로만 간직된 채 먼 발치에 서있는 또 다른 자신의 모습을 진솔하게 이해 및 수용할 수 있는 경험을 제공하면서 동시에 자기 존중감을 강화하고, 솔직한 자기개방 및 상호존중과 신뢰를 증신 시키는데 있다.

2-2

나를 소개하는 내용 중 진실 2가지, 거짓 1가지를 적어 보자.

진실1

나는 ______________________________ 다.

진실2

나는 ______________________________ 다.

거짓1

나는 ______________________________ 다.

2-3

진진가 활동을 통해 느낀 점을 적어보자.

진진가 활동을 경험하면서,

나는

____

____

____

____

느꼈다.

2-4

더 나은 나를 위한 앞으로의 노력을 적어보자.

진실 혹은 거짓 내용 중
'더 나은 나의 모습'을 만들기 위해

나는 앞으로

____

____

____

____

노력을 하겠다.

I am!

03

다시 만나는 나

존중·소통교육

03 다시 만나는 나 _존중 · 소통교육

| 활동목표 |

- 자신의 단점을 능동적이고 자유롭게 표현하고 있는 그대로 수용한다.
- 새로운 관점으로 스스로의 단점을 바라보고 자신의 생각을 확장하며 자기 존중을 강화한다.

| 도입(4분) |

- 인생에서 모든 것이 다 잘 되고 무조건 장점만을 가질 수 없음을 알려준다.
- 단점은 얼마든지 장점으로 새로운 변형이 일어날 수 있음을 제시한다.

| 전개(36분) |

- 자신이 생각하는 걸림돌(단점)을 찾아보고 참가자에게 발표한다.(10분)
- '지혜 요청'을 하는 참가자의 단점을 장점으로 변형시켜본다.(26분)

| 정리(5분) |

- 지혜 요청을 통해 단점이 장점으로 변화된 것에 대한 느낌을 간략하게 소개하고, 이에 대한 참가자의 느낀 점을 다룬다.
- 단점의 변형을 통해 더 나은 자기감 형성 및 존중의 효과를 정리한다.

| 유의사항 |

- 집단의 신뢰정도를 고려해서 전개하되 단점을 과도하게 부각하지 않는다.
- 정리단계를 진행하면서 발표하지 않은 참가자의 느낀 점을 함께 끌어내도록 한다.

활동자료

3-1

'다시 만나는 나 - 나~ 어때!' 를 소개하면 다음과 같다.

1. 다시 만나는 나

지금 나의 모습, 나에 대해 인식하는 내용들이 고정된 채 불변하지 않는 것들일까? 그렇지 않다. 왜냐하면 한 개인의 정체성은 관계적 경험을 통해 형성되고 재형성되기 때문이다. 이에 대한 토대는 무엇보다도 사람이 관계적 존재라는 것에서 찾아 볼 수 있다. 그러므로 사람과 사람간의 상호작용이 개인의 정체성 형성에 중요한 요소가 된다는 것은 불변의 조건일지도 모른다. 결과적으로 정체성은 상호작용 가운데 확인되고 지각되어 자신의 것이 된 내용물이라고 할 수 있다.

상호작용 가운데 확인되고 지각된다는 것은 정체성 형성이 타인의 반응과 관련된다는 것을 의미한다. 가령, 긍정적 반응은 부정적 바탕을 긍정적 내용물로 전환시키는 출발점이 될 것이다. 타인의 시선과 반응이 어떠했느냐에 따른 결과물이 자기 정체성의 주요한 내용물이며 동시에 그것은 스스로를 다시 만날 수 있는 강력한 변수이기도 하다. 따라서 부정적이라고 여겨지는 자기 가치관이나 생각 혹은 행동이 타자의 긍정적 시각과 반응 가운데 긍정적 내용으로 새롭게 전환되고 수용될 수 있다. 그러므로 자신의 단점은 항상 새로운 장점을 향한 가능성으로 존재하며 지금-여기의 소통적 관계경험을 통해 실질적 변형을 가져올 수 있다.

2. 나~ 어때!

상기의 내용을 토대로 진행되는 본 프로그램 명칭은 '나~ 어때!' 이다. 이는 자기 입장에서 바라본 자신의 단점이 다른 사람의 시각에서는 새로운 긍정적 관점으로 비춰지고 피드백 될 수 있으며, 이를 바탕으로 자신에 대한 긍정적 인식이 강화되고 자기 존중감이 증진될 수 있는 점을 강조하기위한 명칭이다. 본 프로그램 활동의 목표는 상호존중의 관계경험 가운데 긍정적 소통을 통한 새로운 자기인식과 존중을 실질적으로 경험하는 것에 있다. 나아가 소통적 관계에서 비롯되는 긍정적 자기인식과 존중의 강화는 일상에서의 자기긍정성과 실천 가능한 소통 능력을 증진시킬 것이다.

3-2

내가 생각하는 나의 걸림돌(단점) 한 가지를 적어 보자.

내가 생각하는 나의 걸림돌(단점)은

______________________________(이)다.

그 이유는

______________________________(이)다.

장점으로 변형된 포스트잇을 아래에 붙이세요.

3-3

내가 생각한 걸림돌(단점)이 이제 내가 생각할 수 있는 장점이 된다.

내가 생각했던 나의 걸림돌(단점)

______________________________는(은)

이제 아래와 같이 생각할 수 있는 나의 장점이 되었다.

____

____

____

____

3-4

프로그램 활동을 통한 느낀 점을 적어 보자.

나의 단점이 그리고 너의 단점이

생각지도 못한 장점으로 바뀌는 활동을 경험하면서,

나는

____

____

____

____

느꼈다.

I'm not...
??

04

내가 보는 나, 남이 보는 나

공감·소통교육

04 내가 보는 나, 남이 보는 나 _공감 · 소통교육

| 활동목표 |

- 내 자신의 마음상태를 지각하고 표현해본다.
- 자기표현을 위한 다양한 소통형태를 경험해본다.
- 공감과 소통을 통해 자기 지각 및 이해의 폭을 넓힌다.

| 도입(3분) |

- 마음상태가 삶에 미치는 영향을 제시한다.
- 공감과 소통이 가져오는 효과를 알려준다.

| 전개(35분) |

- 자기 마음상태를 지각하고 감정단어를 활동지에 기재한다(3분).
- 다른 사람에게 감정단어를 비언어적으로 설명하고, 설명받은 사람은 추측한 감정단어를 활동지에 기재한다(20분).
- 각자의 도화지에 자기 감정단어용지와 다른 사람이 추측하고 이해한 감정단어용지 모두를 붙인다(2분).
- 도화지에 모아놓은 감정단어들을 발표하고 느낀 점을 나눈다(10분).

| 정리(7분) |

- 자신이 지각한 마음상태와 타인이 지각 및 이해한 마음상태가 다를 수 있음을 설명한다.
- 자기 및 타인이 동일하게 지각 및 이해한 것에 대한 느낌을 나누고 공감적 소통이 가져오는 의미를 살펴본다. 반대 경우도 동일하게 진행한다.

| 유의사항 |

- 감정단어는 비언어적으로 표현하도록 한다.

활동자료

4-1

'내가 보는 나, 남이 보는 나 - 마음 팍팍' 을 소개하면 다음과 같다.

1. 내가 보는 나, 남이 보는 나

인간은 물리적으로 거울이나 사진을 통하여 자신을 바라본다. 그렇다면 심리적으로는 어떻게 자신을 볼 수 있을까? 다양한 의견이 있을 수 있지만 흔히 우리는 자신의 마음상태에 따라 자신을 규정하는 경우가 많다. 그러나 이 경우 출처가 자기 자신으로부터이기 때문에 객관적인 근거가 모호할 수 있다. 따라서 타인이 나를 보는 것과 내가 나를 보는 것이 일치하지 않는 경우가 많다. 그럼에도 불구하고 자신의 마음상태를 자신이 지각하고 이해하는 대로 접촉하고 동의하는 사람에게 우리는 '마음이 통한다'거나 '마음을 알아준다'고 한다. 공감적 소통은 이를 두고 하는 말이다. 그러므로 공감적 소통은 마음과 마음의 교류이며 이를 통해 자신에 대한 이해를 다르게 하고 풍부하게 할 수 있으며 또한 타인에 대한 이해를 다양하고 깊이 있게 할 수 있다. 더불어 살기, 소통과 상생, 시너지 등의 단어는 이 경우 얻어지는 결과일 것이다.

2. 마음 팍팍

상기의 내용을 중심으로 진행되는 본 프로그램 명칭은 '마음 팍팍' 이다. 이는 본 프로그램 전개의 핵심이 공감적 소통 활동에 있으며 상호공감이 활동의 주요 요소가 된다. 따라서 마음과 마음의 만남이라는 의미를 강조하기 위한 명칭이다. 마음 팍팍 활동은 자신이 지각하고 이해한 마음상태를 타인과의 공감적 소통을 통해 타인 이해 및 자기 이해를 깊고 풍부하게하기 위한 그룹 활동이다. 본 프로그램의 목표는 상호 소통적 관계 가운데 공감 활동이 가져오는 효과를 경험적으로 검증하고 체화함으로써 삶의 자리에서 공감적 소통의 실천능력을 증진시키고 또한 더불어 사는 사회를 형성하고 확장하는데 필요한 공감적 소통 능력을 강화하는데 있다.

4-2

지금 나의 마음상태를 느껴보고 그에 해당되는 적절한 한 단어를 적어 보자.

지금 나의 마음상태를

한 단어로 표현하면,

_______________________________(이)다.

4-3

다른 구성원이 비언어적으로 설명한 단어를 추측해서 적어 보자.

방금 내 앞에서

다른 참가자가 비언어적으로 설명한

단어를 추측해 본다면,

그 단어는

____________________일 것이다.

작성자:

4-4

내 도화지에 모아진 감정단어들에 대해 느껴지는 것을 적어보자.

내 도화지에 모아진 감정단어들을 보니

____

____

느낌이 든다.

I am!!
I am...?

05

너와 함께 하려면

소통·협동교육

05

너와 함께 하려면 _소통 · 협동교육

| 활동목표 |

- 다른 사람의 입장에서 생각하고 공감한다.
- 진정한 배려의 의미를 깨닫는다.
- 의사소통의 어려움을 이해한다.

| 도입(10분) |

- 미로 안내 활동을 통해 다른 사람의 입장에서 설명하고 다른 사람을 배려하는 것의 중요성을 경험한다.

| 전개(25분) |

- 대표 한명이 말로 설명을 하면 나머지 사람들은 질문 없이 설명을 들은 대로 그림을 완성한다(5분).
- 다음에는 질문을 하면서 다른 그림을 완성해 본다(5분).
- 각자 활동을 통해 느낀 점을 간단히 나눈다(5분).
- 의사소통에서의 어려움, 만족스러웠던 의사소통 경험을 발표한다(10분).

| 정리(10분) |

- 미로 안내하기 그리고 의사소통 게임을 하면서 느낀 점을 발표한다.

| 유의사항 |

- 미로 안내하기는 2명씩 짝을 지어 진행한다. 인원이 남을 때는 관찰자 역할을 부여하거나 진행자와 함께 한다.

활동자료

5-1

미로 안내하기.

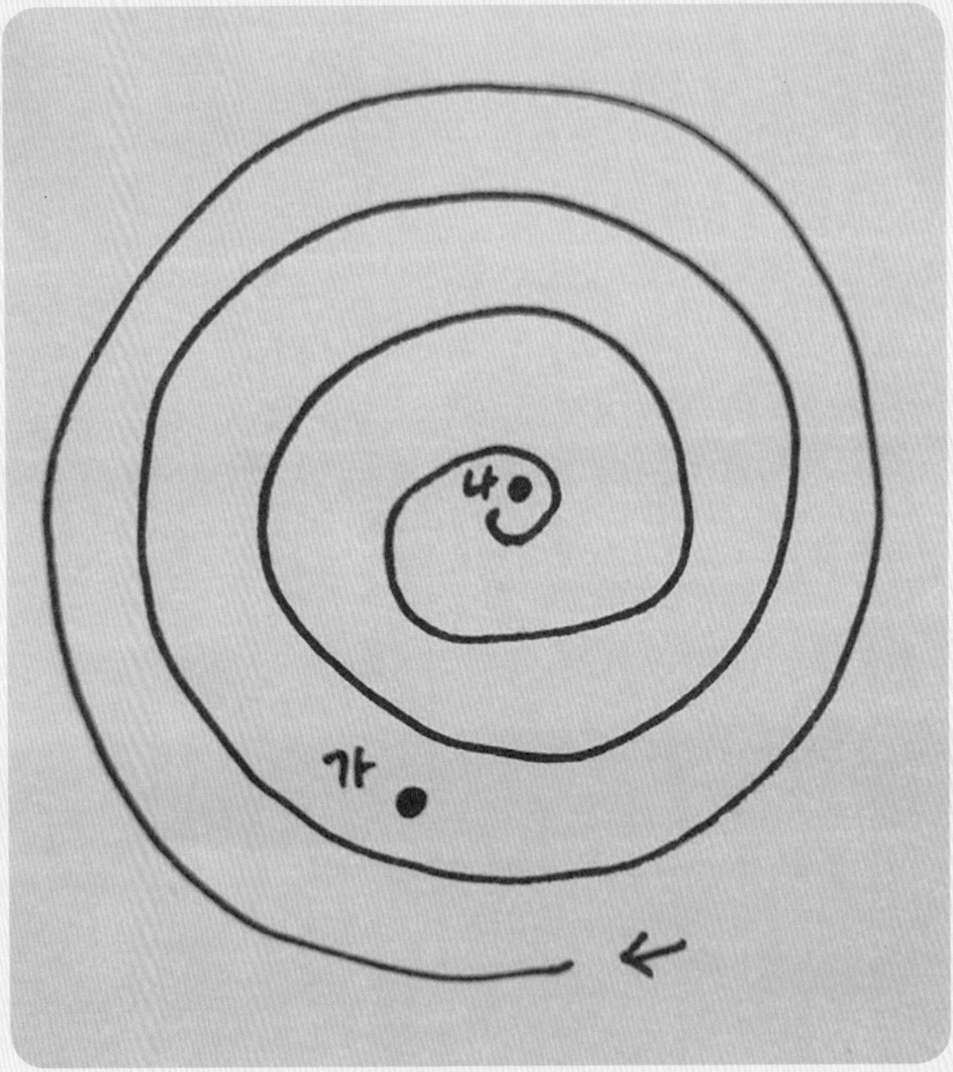

5-2

도형 1 – 설명을 듣고 그대로 그려보자.

5-3

도형 2 – 설명을 듣고 그대로 그려보자.

5-4

이 프로그램에 참여하면서 느낀 점을 작성해보자.

작은
배려

06

네티켓

책임·정직교육

06 네티켓 _책임 · 정직교육

| 활동목표 |

- 가상공간 삶속의 자기 모습을 발견한다.
- 상황극을 통해 네티켓 상에서 타인에 대한 존중과 배려에 대해 알아본다.
- 네트워크 참여시 정직과 책임감에 대해 인식한다.

| 도입(5분) |

- 네티켓의 개념을 소개한다.
- 상황극의 주제에 대해 인지시킨다.

| 전개(35분) |

- 상황극 주제에 대해 토의한다(5분).
- 상황극의 주제에 대한 배경을 그리고 연습시간을 가진다(15분).
- 상황극을 연출해 본다(15분).

| 정리(5분) |

- 상황극을 본 소감과 본인의 역할에 대한 소감을 발표하는 시간을 갖는다.

| 유의사항 |

- 비대면 상의 타인에 대한 존중과 배려에 대해 이야기를 유도한다.
- SNS를 통해 위로 받은 경험과 상처받은 경험 등을 소개할 수 있도록 유도한다.
- 진행자가 이번 활동의 의미와 앞으로의 방향에 대하여 짚어준다.
- 5명 이상 한조로 편성하여 모두가 참여하도록 유도한다.

활동자료

6-1

'네티켓' 을 소개하면 다음과 같다.

1. 네티켓이란

네티켓(Netiquette)은 네트워크(Network)와 에티켓(Etiquette)의 합성어로서, 인터넷 예절 혹은 인터넷 예의를 뜻한다. 즉 네티켓이란 인터넷 공간에서 지켜야 할 예의범절을 의미한다.

네티켓은 법적 제재에 의존하는 타율적 해결보다는 네티즌 스스로 자율적으로 사이버공간의 문제를 미리 방지하고 이성적으로 해결해 나가자는 적극적인 의미를 갖는다. 인터넷 공간은 절대로 가상의 익명 공간이 아니라는 인식이 필요하다.

2. 상황극으로 보는 '네티켓'

사이버 공간의 주체는 네티즌이다. 네티즌은 사이버 공간에서 표현의 자유와 권리를 가지고 있으며, 동시에 의무와 책임도 지니고 있다. 이러한 권리가 존중되지 않고 의무가 이행되지 않을 때 사이버 공간은 무질서와 타락으로 붕괴된다.

상황극을 통해 사이버 공간속에서의 나의 삶을 생각해보자.

① 우리는 타인의 인권과 사생활을 존중하고 보호한다.
② 우리는 건전한 정보를 제공하고 올바르게 사용한다.
③ 우리는 불건전한 정보를 배격하며 유포하지 않는다.
④ 우리는 타인의 정보를 보호하며, 자신의 정보도 철저히 관리한다.
⑤ 우리는 비 · 속어나 욕설 사용을 자제하고, 바른 언어를 사용한다.
⑥ 우리는 실명으로 활동하며, 자신의 ID로 행한 행동에 책임을 진다.
⑦ 우리는 바이러스 유포나 해킹 등 불법적인 행동을 하지 않는다.
⑧ 우리는 타인의 지적재산권을 보호하고 존중한다.
⑨ 우리는 사이버 공간에 대한 자율적 감시와 비판활동에 적극 참여한다.
⑩ 우리는 네티즌 윤리강령 실천을 통해 건전한 네티즌 문화를 조성한다.

[출처 : 2000년 6월 15일 '네티즌 윤리강령' 선포 – 정보통신윤리위원회

6-2

상황극의 주제에 대한 스토리보드를 작성해 보자.

제목 :

주제:

팀이름 :

날짜:

6-3

상황극 장면들을 역할별로 작성해 보자.

조원	이름	역할	역할자의 대사
1			
2			
3			
4			
5			
6			

6-4

상황극 장면들을 상황별로 작성해 보자.

상황	주요장면	설명
1		
2		
3		
4		
5		
6		
7		
8		

6-5

이 프로그램에 참여하면서 느낀 점을 작성해보자.

07

다문화감수성 인큐베이팅

존중·공감교육

07 다문화감수성 인큐베이팅 _존중 · 공감교육

| 활동목표 |

- 문화적 차이에 기초한 편견과 차별을 드러낸다.
- 다른 문화, 다른 사람을 존중하고 공감한다.
- 일상생활에서 실천할 수 있는 다문화감수성 인큐베이팅 실천목록을 작성한다.

| 도입(5분) |

- 활동목표를 안내한다.
- '다르다'와 '틀리다'의 낱말 뜻을 확인한다.

| 전개(35분) |

- 〈동남아시아인 인종차별〉 또는 〈오늘의 급식〉 동영상을 시청하면서 차이와 차별에 대해 생각해 본다(10분).
- 조별로 각자 차별 경험을 발표한다(10분).
- 일상생활에서 실천할 수 있는 다문화감수성 인큐베이팅 실천목록을 조별로 작성하여 전시하고 둘러본다(15분).

| 정리(5분) |

- 다문화감수성 인큐베이팅 활동 소감을 발표한다.
- 진행자가 이 프로그램의 의미를 정리한다.

| 유의사항 |

- 프로그램 참가자 전원이 함께 모여 다문화감수성 인큐베이팅 관련 동영상을 시청한 후, 5~6명 조 활동을 한다.

활동자료

7-1

'다문화감수성 인큐베이팅'을 소개하면 다음과 같다.

1. '다문화감수성 인큐베이팅'이란

이 프로그램은 다른 문화, 다른 사람을 존중하고 공감하는 능력을 계발하고 향상시키는 것을 목적으로 한다. 우리가 가지고 있는 '편견'이나 우리가 무심코 행하는 '차별'은, 문화적 '다름/차이'를 다름/차이 그 자체로 보기 보다는 '틀림'으로 규정한 데서 비롯되었다고 하겠다.

이 프로그램에서는 '다르다'와 '틀리다'의 낱말 뜻을 알고 있고 구분할 수 있는지, 우리의 '편견'이나 '차별'이 문화적 '차이'에 기초하고 있음을 알고 있는지, '차이'를 차이 그 자체로 인정하고 존중해야 하는 것임을 알고 있는지, 일상생활에서 실천할 수 있는 생명감수성 인큐베이팅 과제는 어떤 것들이 있는지 등을 함께 질문하고 답해 본다.

2. 차별 경험을 말하고 듣기의 기본원칙

1) 상황을 초월해서 생각하기

'나의 행동은 지금뿐만 아니라 미래에 타인에게 어떻게 영향을 줄 것인가? 영향을 받을 수 있는 다른 사람이 존재하는가?' 라는 질문을 프로그램 참가자에게 함으로써 미래적 피해자에 대한 관심을 가지게 한다. 이 방법은 참가자에게 '나중-저기'의 상황을 '지금-여기'의 상황처럼 상황을 초월하여 생각하게 함으로써 다양한 공감을 할 수 있게 한다.

2) 다양한 공감하기

이 방법은 낯선 사람을 참가자 자신과 친밀한 관계에 있는 사람이라고 가정하도록 하여 다양한 낯선 사람과 공감하도록 하는 방법이다. 즉 낯선 사람을 친밀한 사람으로 변형시키는 방법이다.

7-2

〈동남아시아인 인종차별〉, 〈오늘의 급식〉 동영상 자료는 다음과 같다.

〈동남아시아인 인종차별〉

https://www.youtube.com/watch?v=2OcjHm5yhW0

〈오늘의 급식〉

https://www.youtube.com/watch?v=ON_tSxBI4B0

7-3

자신의 차별 경험을 말하고 듣기를 통해 느낀 점을 공유해보자.

조원	차별 당했을 때 느낀 점	차별했을 때 느낀 점
1		
2		
3		
4		
5		
6		

7-4

일상생활에서 실천할 수 있는 다문화감수성 인큐베이팅 실천목록을 작성해보자.

조원	실천목록
1	
2	
3	
4	
5	
6	

7-5

이 프로그램에 참여하면서 느낀 점을 작성해보자.

이슬람교 친구들을 위한...

08

착한 소비

책임·소통교육

08 착한 소비 _책임 · 소통교육

| 활동목표 |

- 커피와 초콜릿이 우리(소비자)에게 오기까지의 과정을 살펴본다.
- 공정무역의 개념을 이해한다.
- 일상생활에서 실천할 수 있는 착한 소비의 실천목록을 작성한다.

| 도입(5분) |

- 활동목표를 안내한다.
- 착한 커피와 착한 초콜릿에 대한 사전이해를 확인한다.

| 전개(35분) |

- 〈착한 초콜릿〉 동영상을 시청하면서 일반무역 초콜릿과 공정무역 초콜릿이 우리(소비자)에게 오기까지의 과정을 비교한다(10분).
- 공정무역 제품을 구입했거나 선물받은 경험에 대해 조별로 각자 발표한다(10분).
- 일상생활에서 실천할 수 있는 착한 소비의 실천목록을 조별로 작성하여 전시하고 공유한다(15분).

| 정리(5분) |

- 활동 소감을 발표한다.
- 진행자가 이 프로그램의 의미를 정리한다.

| 유의사항 |

- 진행자는 프로그램 참가자들에게 각자의 일상생활과 착한 소비가 밀접하게 연관되어 있음을 자각할 수 있도록 유도한다.

활동자료

8-1

'공정무역'을 소개하면 다음과 같다.

1. '공정무역'이란

공정무역(Fair Trade)이란 저개발국의 가난한 농부와 생산자들의 생산품을 정당한 값을 주고 구입하는 것이다. 공정무역은 그들에게 자립할 수 있는 기반을 제공하고 지속가능한 개발을 가능하게 한다. 가장 널리 알려진 공정무역의 정의는 다음과 같다. "공정무역은 대화와 투명성, 존중에 기초하여 국제 무역에서 보다 공평하고 정의로운 관계를 추구하는 거래 기반의 파트너십이다. 공정무역은 특히 저개발국가에서 경제발전의 혜택으로부터 소외된 생산자와 노동자들에게 더 나은 거래 조건을 제공하고 그들의 권리를 보호함으로써 지속가능한 발전에 기여한다" (FINE, 1998 / WFTO&FLO, 2009).

2. 공정무역 단체

공정무역 단체란 공정무역을 조직의 핵심 목적이자 활동으로 하는 조직, 회사, 단체들을 가리킨다. 현재 전 세계 70개 이상의 국가에서 400개가 넘는 공정무역 단체들이 활동하고 있다. 공정무역 단체들은 소외되고 가난한 생산자들이 힘을 가질 수 있도록 지원하고, 기존의 불평등한 무역 구조와 관행에 대해 대안을 제시하고 있다. 한국의 공정무역 단체로는 아름다운커피, YMCA 피스커피, iCoop생협, 두레생협 APnet, 기아대책 행복한나눔, 한국공정무역연합, 페어트레이드코리아 그루 등이 있다.

3. 공정무역 상품들

공정무역 상품으로는 커피, 초콜릿, 축구공, 수공예품, 설탕, 차, 바나나 등 다양한 상품들이 있다.

8-2

〈착한 초콜릿〉 동영상 자료는 다음과 같다.

〈착한 초콜릿〉

http://www.ebs.co.kr/tv/show?courseId=BP0PAPB0000000009&stepId=01BP0PAPB0000000009&lectId=3006588

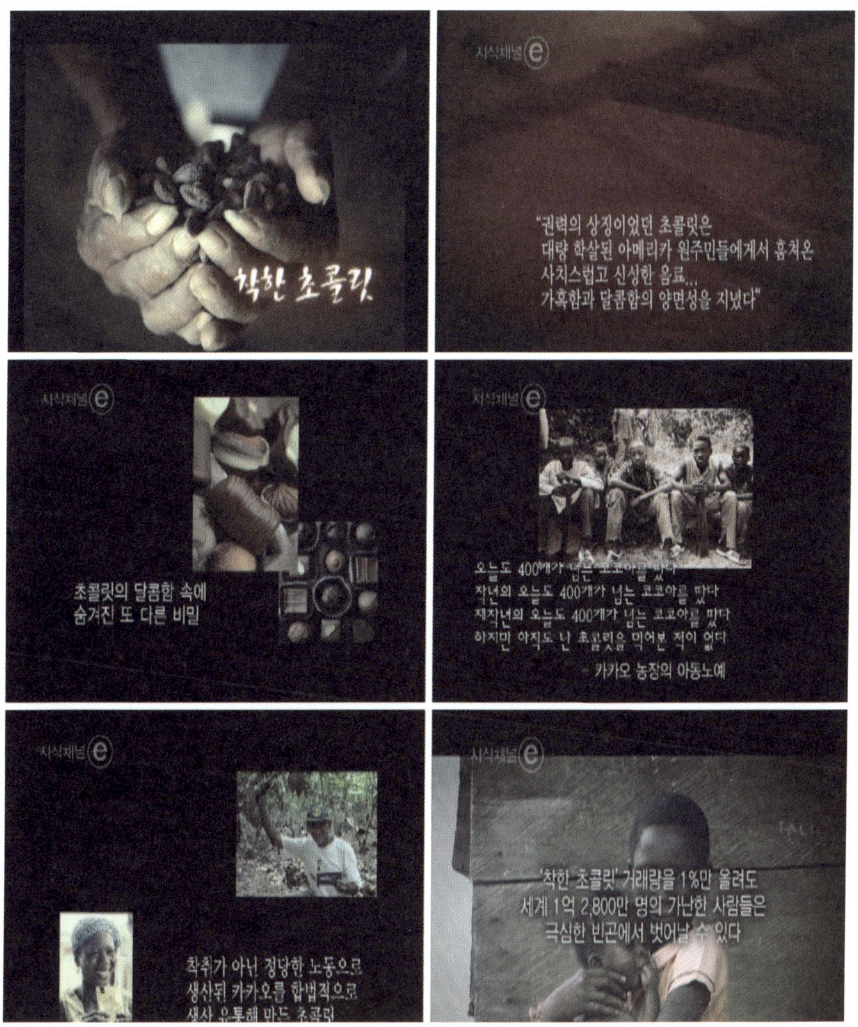

8-3

공정무역 제품을 구입했거나 선물 받은 경험을 말해 보자.

조원	구입한 공정무역 제품	선물 받은 공정무역 제품
1		
2		
3		
4		
5		
6		

8-4

일상생활에서 실천할 수 있는 착한 소비 실천목록을 작성해보자.

조원	실천목록
1	
2	
3	
4	
5	
6	

8-5

이 프로그램에 참여하면서 느낀 점을 작성해보자.

아름다운 마음
COFFEE
FAIR TRADE

09

우리가 만들고 싶은 세상

협동·배려교육

09 우리가 만들고 싶은 세상 _협동 · 배려교육

| 활동목표 |

- 세계시민으로서의 갖추어야 할 소양에 대해 이해한다.
- 세계시민으로서 협동과 배려의 필요성을 자각한다.
- 모두 행복할 수 있는 살고 싶은 세상에 대해 생각해 본다.

| 도입(5분) |

- 활동목표를 안내한다.
- 현재 세계가 직면하고 있는 글로벌 문제에 대해 소개한다.

| 전개(35분) |

- 조별로 오늘날 글로벌 이슈와 해결해야 할 문제에 대해서 각자 발표한다(10분).
- 조별로 우리가 살고 싶은 세상을 종이컵으로 만든다(20분).
- 조별로 만든 작품에 대해 발표한다(5분).

| 정리(5분) |

- 각자가 이 활동을 통해서 느낀 점을 정리하고 발표한다.
- 진행자가 이 프로그램의 의미를 설명한다.

| 유의사항 |

- 자발적으로 발표하는 분위기를 조성하고 발표자를 적극적으로 격려한다.

활동자료

9-1

우리가 살고 싶은 세상을 글로 표현해보자.

우리가 만들고 싶은 세상은

______________________________다.

9-2

우리가 살고 싶은 세상을 만들기 위해서 해야 할 일을 글로 표현해보자.

우리가 만들고 싶은 세상을 위해서

나는

1. ____________________

2. ____________________

3. ____________________

을 할 것이다.

9-3

이 프로그램에 참여하면서 느낀 점을 작성해보자.

행복한

글로벌 시티즌 CCP-M
아름다운 마무리

10

아름다운 마무리

피드백

10 아름다운 마무리 _피드백

| 활동목표 |

- 전체 프로그램에 참가한 의미를 인식한다.
- 전체 프로그램에 참여하면서 느낀 점을 발표한다.
- 프로그램을 참여하는 동안의 변화와 참가 후 일상생활 속에서의 실천목록을 구체화 한다.

| 도입(10분) |

- 프로그램의 전체 내용을 생각나는 대로 확인한다(10분).

| 전개(30분) |

- 프로그램에 참여하며 활동했던 모습과 완성한 결과물을 함께 감상한 후 느낀 점, 새롭게 알게 된 점을 발표한다(10분).
- 프로그램에 참여하는 동안 자신에게 일어난 변화, 프로그램을 마치고 일상생활 속에서 실천해 볼 수 있는 목록을 작성한다(10분).
- 각자가 작성한 소감문을 발표하며 함께 공유한다(10분).

| 정리(5분) |

- 프로그램 참가의 의미를 설명하고, 프로그램을 마무리 한다.
- 사후 설문 조사를 실시한다.

| 유의사항 |

- 차분한 음악을 준비하여 전체 일정을 돌아보고 훈훈한 마무리가 되게 한다.
- 소감문을 성실하게 작성할 수 있도록 지도한다.
- 학생들의 활동을 사진으로 남겨 간단한 멘트와 영상물을 만들어 제시한다.

활동자료

10-1

글로벌 시티즌 인성함양 프로그램에 참여하며 느낀 점, 배운 점, 자신의 변화에 대해 생각해보자.

나는 이 프로그램에 참가하면서

___________________을 느꼈다.

나는 이 프로그램에 참가하면서

___________________을 배웠다.

나는 이 프로그램에 참가한 후

___________________이 변했다.

10-2

글로벌 시티즌 인성함양 프로그램에 참여한 소감을 작성해보자.

중등학생 인성함양을 위한

글로벌 시티즌 CCP-M 워크북

집필진

김효정_ 계명대학교 교양교육대학 교수

이인경_ 계명대학교 교양교육대학 교수

이현지_ 계명대학교 교양교육대학 교수

조명실_ 계명대학교 교양교육대학 교수

허선호_ 계명대학교 교양교육대학 교수

그림

조예나

• 이 책은 2015년도 계명대학교 연구비를 지원받았음.

중등학생 인성함양을 위한

글로벌 시티즌 CCP-M 워크북

초판1쇄 인쇄 2017년 1월 18일
초판1쇄 발행 2017년 1월 25일

지 은 이 계명대학교 계명인성교육원 편
펴 낸 이 신 일 희
펴 낸 곳 계명대학교출판부
출판등록 제347-1998-1호(1970. 9. 1)
주 소 대구광역시 달서구 달구벌대로 1095
대표전화 053-580-6233
팩 스 053-580-6235
홈페이지 www.kmupress.com

ISBN 978-89-7585-758-4 03320 정가 14,000원

• 잘못된 책은 교환하여 드립니다.
• 이 책은 저작권법에 따라 보호받는 저작물이므로 책의 내용 및 이미지에 대하여
전부 또는 일부를 무단으로 복사, 복제, 배포하거나 전산장치에 저장할 수 없습니다.

이 도서의 국립중앙도서관 출판예정도서목록(CIP)은 서지정보유통지원시스템 홈페이지(http://seoji.nl.go.kr)와
국가자료공동목록시스템(http://www.nl.go.kr/kolisnet)에서 이용하실 수 있습니다.(CIP제어번호: CIP2017001508)